Jannys KOMBILA

Rodrigue MAKAYA MAKAYA

LETTRES PARNASSIENNES

Poésie

LETTRES PARNASSIENNES

Poésie

© 2012, Kombila & Makaya Makaya
Edition : Books on Demand
12/14 rond-point des Champs Elysées
75008 Paris
Imprimé par Books on Demand, Norderstedt, Allemagne
ISBN : 9782810622146
Dépôt légal : Janvier 2012

« A ma chère littérature Gabonaise florissante, sois le témoin intemporel de mon idiolecte. »

« Aux belles lettres du monde, sentez le souffle poétique. »

Jannys KOMBILA

« A tous ceux qui croient à la force de la poésie, à son mystère et à ses hôtes ».

Rodrigue MAKAYA MAKAYA

« Paix à ceux qui goûtent encore et encore le grand art, pardon, le divin dire nommé Poésie, que les temps actuels distraient, minorent... »

Pr Grégoire BIYOGO, Philosophe politologue, égyptologue, écrivain.

EXPECTATION

Attendre
Ne faire que ça
Sans comprendre
Sans s'éprendre
Juste attendre
Que le temps
Nous insuffle
Un mieux être
Les journées
Achoppent
Contre mon
Impatience
La vie pesante
Altérable
Me rend indolent
Je cherche
Ma providence
Mais les soleils
Se mâtinent
Je faiblis
A trop attendre
Attendre et
Se taire comme
Le vent du soir
Mon humeur
Bleuit et
Ma conscience
S'élucubre

Je perds
Un peu de
Ma vie de
Mes appétences
Les nuits
Me sonnent
En air de violon
Mélancolique
Je cherche
Mon avenir
Sur les cendres
Humectées
Du temps qui
M'emprisonne
A quand demain
Destin incertain
Soliloque d'un matin
Tout me pèse
Même l'amour
Mon cœur
En vaseux lit
Lis les poèmes
Des félibres
Et je me réjouis
Des proses
Sans saisir
La philologie

Attendre là
Et apprivoiser
Son être
Attendre las
Entrecroiser
Sa destinée
Furtive qui
Vous illusionne
Mais attendre
Sans savoir
Pourquoi et
Tout lâcher
S'en aller
Le visage
Affranchi
Chercher
Son réel fatum.

Jannys KOMBILA

OSSUAIRE

La nuit, tristement
Comme une orfraie,
L'oreillard s'étonne
Des crimes gnou
Au cœur du gnome,
Cette bête qui paie
Son plaisir de grigou
Contre ses enfants mous ;
Mous dans leur chair
Mous de leur autonomie
De sorte que le temps,
Libéralement affermit
Là- bas au dessus
Du Sahara
Où la jeunesse n'est
Jamais gaie,
Mais un baffle muet
Bâillonnée qui
Se prend le cou
Dans les ossuaires
Quand elle crie paix.
Non- dit- elle- liberté,
Liberté pour tous.
Son crime
Le crime de
Cette jeunesse,
Que vous
Vous baillez-belle

Le gnou de
La terre muette.
Pourtant, c'est son goût
Pour des valeurs
Universelles
Qui ne sont
Que des droits
De bravoure.
Sa sieste,
L'oreillard,
Le jour dans
Son sommeil
Pleure pour ce deuil
Avec sa tête flottante.
Ses pâtes accrochées
Elle attend le procès
Du gnou pour
Témoigner de
Ce qu'elle a vécu
Dans les nuits noires
Aux heures sombres
D'une humanité rasée
Par les abominations
Des hommes abjects.

Rodrigue MAKAYA MAKAYA

DOUCE BRUME

Douce brume
Caresse ce lever
Matutinal
Le jour est froid
Le marais glacial
Et silencieux en pensée
Je me couche vers elle
Dis au soleil que l'espoir
Se hisse au firmament
Et que les trahisons
Humaines se finissent
En moi il voyage
Des feux de chagrin
Faut-il que je vomisse
Toutes mes peines
Chante- moi
Veux-tu douce brume
Pas comme le vent
Toujours furtif
Et infidèle
Qui courtise
Les pervenches
Et caresse
Les pivoines émues
Quand l'amour
Est pervers
Les rêves
Sont calvaires

Touche-moi
Veux-tu
Ton haleine
D'ombre blanche
Me dévore l'être
A l'envi
Je me perds
Je me blesse
De sensations
Et la vie me tresse
De quoi ai-je peur
De tout…
Du temps morose
Qui en veut à la vie
Des amours folles
Qui crient
Dans le vent apeuré
Et les hommes
Qui tuent
Pour un sourire refusé
Comme le vent est bien froid
Mes mains en larme
Cachent le visage
De la douleur
Douce brume
Cache-toi des drames
Une coupure
Du sang dans ma voix
Et l'or dans mes yeux

Et la vie
Fuyant avec ses regrets
Loin très loin
Me marche dessus
C'est dans son regard
Que j'ai redessiné
Mes passions
Elle avait ce corps
Aimanté qui faisait
Violence à mes sensations
Enivrant sans liqueur
Doucereux
Mon envie concave
Elle remuait ses lèvres
A la pulpe de fantasme
Et sa chair en excitation
Comblait ma soif éthérée
Couche tes émotions
Près de moi
La nuit sera frisquette.

Jannys KOMBILA

ILS DORMENT

Ceux qui manquent
A notre vue dorment,
Ceux qui nous
Précèdent dorment
Dans ce rond lit
Où habite l'humanité.
Ils dorment sous ce poids
Qui devient leur masse,
Ils guérissent ce monde
De leur silence,
Ceux-là dorment parfois
Malgré nous,
Malgré eux
Mais parfois pour nous.
Je suis surtout
De cette semence
De ceux qui ont souffert
Du sacrifice de l'espoir
De ceux qui ont brûlé
La résignation.

Mais oui tous ceux
Qui ont porté la vie,
Les grands rochers
De l'histoire humaine
Dans son ensemble
Sont ces grands
Cadavres qui dorment.

Rodrigue MAKAYA MAKAYA

BROUILLASSE

Cachant la lueur
Hyaline des réverbères
Il se glisse finement
Dans la pénombre
De l'air flegmatique
Marchant sans hâte
Dans l'ionosphère
Il défie l'ombre
Convole les perceptions
Dans le bruissement
Crépusculaire des lucilies
D'un coup de lame
De fumée blanche
Indolore et inodore
Caresse la voûte
Les mystères et
Les hauts arbres
Cachant leur visage
A la terre condamnée
Voici l'aube intrépide
Sur son grand cheval
De ciel almandin
Assit à la porte du temps

La vie se recueillant
En prière antédiluvienne
Il n'y a plus d'exultation
Sur la glaise en écueil
Dans le lointain
Une étincelle topaze
Les rêves des hommes
Sont comme des
Grandes cryptes où
Sommeillent les gadoues
Je caresse cette bruine nue
M'offrant quelques
Souvenirs fringants.

Jannys KOMBILA

SEUL, SEULE, SEULS, SEULES

En me retrouvant seul,
Je me comprends mieux,
En se retrouvant toute seule
Elle se refait des idées justes
En nous retrouvant seuls
Nous avons le temps
De mieux apprécier
Loin du temps agité
Et des fièvres de l'espace
Seule, seul, seules ou seuls
Le silence conseille
Est notre seul complice
Qui perce l'oreille de l'âme.

Rodrigue MAKAYA MAKAYA

COLUMBARIUM

Ici gît
Notre vie
Une demeure sombre
Où s'agitent des
Ames recluses
Un grand paradis noir
Tombe esprit
En trombe
Tombeau
Stèle cénotaphe
Pierre tombale
Hypogée mausolée
Refuge sépulcral
Somptuaire ossuaire
Cimetière corps
Mis en terre
Lieu funeste
Silhouettes lestes
Ici gît
Notre lit
Décès
Fin d'essai
Mort
Livide corps
Perte
Chair inerte
Absence
Pro naissance

La terre nous accueille
En triste émotion
Motion
Oraison d'un être
De raison
Maison de cadavre
Homme vide
Fin de vie
Bénédiction
Âme égarée
Cérémonie larme
D'acrimonie
Disparu
Destin interrompu
Défunt absurdité
Existentielle
Feu moi
Feu en toi
Brûle ma mort
En vie
Ici gît
Un colis
Destination incertaine
En fin de vie
Enfer devis
En faire quoi de la vie
Dernière allée
Daigner aller

Chemin d'un matin
Mate teint est le trépassé
Ma vie ton avis
Mourons- nous seuls
Et le silence
De la présence
Et l'inertie involontaire
De cette machine d'os
Mystère de cendre
Ici gît
Un homme
Une femme
Un enfant
Un être
Un reste d'humain
Hume mes mains
C'est le parfum funèbre
La mort cette vie
Bien éplorée

Une croix
Un inscrit
Un mémorial
Etrange monument
Une histoire qui
Se construit
Que reste-t-il de
Notre passage
Des empreintes
Des marques
Des pas sur
La poussière du temps
Ici gît
Toutes vies.

Jannys KOMBILA

ILS SE PRENNENT LES PIEDS

La corruption, ses méandres
Ce grand mal qui ruine
Les plus belles terres
Affaiblissent les plus fortes
Lois de justice.
A deux caractéristiques
Deux conséquences :
Une absence d'éthique,
Et un essoufflement
De la technique.
Parce que les lois morales
Ne sont pas observées
Et que la raison vient
Après la déraison.
Et là, la liberté est jetée
Au placard et avec elle
La dignité humaine.
L'essoufflement
Technique parce que
La science et la technique
Sont filles de la justice
Et de la transparence
Et quand elles manquent
En son sein
C'est la mafia
Le bricolage et la perte
De l'humanité.

A l'avenir,
Des sociétés avec
Les corrupteurs se
Prendront les pieds,
Ils se prendront les pieds
Dans ces nouvelles
Révolutions des cybernétiques
Dans ces nouvelles toiles
Sans compter celles à venir
Qui rassemblent des millions
D'hommes à travers la planète
Avec leurs aspirations
Presque communes,
Dans une humanité
Où l'unique espoir n'est
Plus que la liberté ;
Car toutes les générations
Prédisent le tombeau
Aux corrupteurs.

Rodrigue MAKAYA MAKAYA

DILECTION

C'est avec toi
Que je veux
Tout partager
La poésie
Du crépuscule
Quand dorment
Et s'éveillent
Les rêveries
T'ouvrir mon univers
Te prédire tes astres
Un amour béant
De la tendresse
En puits
De jouvence
Sans plage
De tourment
Et vagues de griefs
C'est avec toi
Que je veux
Changer l'envie
Aimer et
Aussi donner
Un regard
Sur un sourire
Un frémissement
Couché sur
Un baiser

Comme- moi
Te protéger
Comme- toi
Me rasséréner
Et la sympathie
Nous unissant
Et les randonnées
Nous rapprochant
Les émotions
À découvert
Conjuguant l'amour
A l'infinie estime
C'est avec toi
Que je veux
Comprendre
Espérer te garder
Lire et relire
Mes églogues
Dire et redire
Mes épilogues
M'asseoir au soir
En balançoire
Sur les parcs
Dépeuplés
Et me blottir
Dans ta chevelure
En toison suave

C'est avec toi
Que je veux
Tout oublier
Les songeries
Orgastiques
Les désillusions
De naguère
Mon passé
Encore présent
Mes belles
Amourettes
Indélébiles et
M'arracher aux lois
M'attacher à toi
Me tacher de foi
C'est avec toi
Que je veux
Reconstruire
Mes erreurs
Repeindre sur
Les longs murs
D'avanie et
D'opprobre
Des images
Flavescentes
Empreint de vie

Ecrire les mots
Comme ils
Se lisent
Et espérer
L'équanimité
Que l'humanité
Se change
C'est avec toi
Que je veux
Etre entité
Sans jamais
Attendre
Partir mais
Prétendre
M'éteindre un jour
A l'orée de ton sein.

Jannys KOMBILA

RIEN

Des milliers
De parents
D'amis
Des voisins
Meurent
Sans avoir
Jamais vu
La preuve
D'une santé
Au laser,
D'un bonheur
Sans angoisse.
Je jure qu'ils
N'ont rien vu
Ni le spectre
De la beauté
Parce que
La laideur
Des pouvoirs
Sous lesquels
Ils sont nés
Leur ont bien
Planté les jambes
Dans la fange
Qu'ils laissent
Derrière eux
Sans pitié
Pour tous.

Les désastres
Inévitables
Dans cette vie
Qu'on ne peut
Plus bien mener
Dans la lassitude
De ce brouillard
Où rien n'a été
Fait pour eux.

Rodrigue MAKAYA MAKAYA

MELANCOLIE

Il y a des
Souvenirs
Qui nous
vivifient l'âme
Des images
De jeunesse
Qui nous
Crucifient en blâme
Ma misère
Je l'ai chanté
En refrain
De tourment
Une vie difficile
Dans un avenir flapi
Cette misère là
Je la porte
Dans ces nuits
En péril au
Sommeil arraché
J'ai compté
Les heures
Interminables
Et ma détresse
Chaque jour
Grandissant

Est ce dieu qui
Me rendait
Témoignage
Sous le soleil
De la persévérance
J'ai brodé
Mes ambitions
Et dans ces rêves
D'un soir bref
Rencontrant
L'amour miroir
Dansant comme
L'émotion blême
Et me comblant
De curiosités
C'était elle
C'était le chant triste
De ma petite misère
Qui journellement
Me rappelait mon lot
Etait-ce cette
Fleur là- bas
Qui me dévisageait
De tendresse quand
Sifflait au midi
Des retrouvailles
Mon envie infidèle
De circonvenir

C'était ma jeunesse
Et je veux
Me remémorer
Pas de ce refrain
Qui désole mon âme
Mais de ces
Douces natures
Ces édens de
Contentements
Ou s'évadait souvent
Mon envie humaine
J'ai ces images
Qui refusent
De partir comme
Des petits démons
De ravissements
Elles viennent
Courtiser ma fermeté
Il y a trop de nuits
Dans ma tête
Trop d'ennuis
Restés ouverts
Trop d'histoires
Inachevées

Des moments
Insécables qui
Ressuscitent
Tous mes
Fantasmes
C'est sur
Cette ruelle que
Je t'ai donné
Mon sourire
Et toi triste tu l'as
Gardé à jamais.

Jannys KOMBILA

JE DANSAIS

Je dansais
En marchant
En demi- cercle
Les mains levées
A bras- le- corps.
Ma breloque
Comme une clarine
Me classe comme
Un clinquant cliché
A qui on dit toujours
N'avoir pas eu d'écriture
Culturelle précédent
La pyramide culte
Faisant mousser
La surenchère
Des idées humaines
Qui n'ont plus
De barrières
Où tout ou presque
Devient surgelé
Comme la culture
Devient sépulture d'héritage
Oublions sans remord,
Partageons sans
Pathologie l'universel.

Si je dansais
En marchant
En demi- cercle
Et les mains levées
C'est parce que
Mon chant avait
Pour héritiers
Que ceux qui
En éprouvaient
Plus que de l'amour.

Rodrigue MAKAYA MAKAYA

MA CULTURE

Où est passée
Ma culture
J'entends pleurer
Au lointain
La corne d'antilope
La tradition se meurt
A l'heure
Ou modernisme
Et technologie
Se hissent
Les mœurs violées
Les rites offensés
Nos reliques ont
Perdu leur sacre
Esprits en perdition
Le Tam- Tam s'agite
Et nous invite
À la palabre
Le folklore est mort
Seules les
Cases en terre
Résistent à
La civilisation
Contemporaine
Le conte est mort
Mon grand-père
A éteint sa pipe

Où est passée
Ma culture
Ici on danse
Une danse inconnue
Là une circoncision
À la lame des blancs
Sans cérémonie
Là- bas des initiés
En culotte et
Chemise coloniale
Sans kaolin
Sur le visage
Sans raphia
Perte de valeur
Identité spoliée
Notre patrimoine
Est notre histoire
Dans le mbandja*
Une harpe
Sans cordes
Un tabouret brisé
Une vieille torche
Indigène fumante
Couvrant le
visage abimé
D'une statuette
Kota Mahongwè*

Où est passée
Ma culture
J'entends dans
Le lointain les
Batteurs d'okouyi
Lançant des
Cris d'allégresse
De l'autre côté
Sur ses longues
Échasses de bois
La reine Mukudji
Au regard prisé
Dans son sourire
Énigmatique s'élance
Aux pas rythmés d'ikokou*
La nuit est notre vie
La tradition ce beau
Trésor ancestral
Danse ma danse
Ivanga*, Njobi*
Elombo*, élone*
Le feu se déploie
En étincelle

Sur des fines éclisses
La torche pleure
Et s'illumine
Les acrobaties
S'exécutent
En cadence de transe
C'est le bwiti* qui se
Découvre caché derrière
Un masque de kaolin
Blanc pureté
Rouge force pouvoir
Sang oblation
Noir Mystère
Mystique
Mi-homme
Mi- esprit
Danse danse
Jusqu' à l'aube
Le voile
Des ancêtres
Tombe et la
Magie noire
Souffle dans
La pénombre

Et les ombres
De l'au-delà
Marchent
Vers le temple
Où est passée
Ma culture
Perdue au fond
Des paniers
Des ngwevilos.*

Jannys KOMBILA

LE PRINTEMPS DE L'AMOUR

Le cœur est toujours original
Le sentiment parfois marginal.
L'esprit contemple le printemps de l'amour
Et le bonheur efface ce qui froisse l'amour
Vivre l'amour de jour en jour
Se donner la main pour toujours
On pense ainsi au bonheur conjugal
On pense à fonder un cercle familial
De la couleur de tes yeux rayonne l'amour
De la beauté de ta beauté se dessine une fée
De là je vis le printemps de l'amour,
D'ici je suis devenu toi.

Rodrigue MAKAYA MAKAYA

DOUCEUR SAUVAGE

Douceur sauvage
Voilà que
L'envie m'obsède
De toi je
M'évanouis d'émotion
Comme ton
Corps infidèle
M'enchante et je
Te sens masturber
Tes velléités
Offres toi à moi
Sans mur
L'inclination est nôtre
Manque d'amour
Douleur de chair
Chère âme
Invoque mes
Sensations
Prends mon corps
Effet corps
Fais corps encore
Retiens tes larmes
Qui désarment
Ma peau
Je m'épanouis à nu
Sur ton cou frisquet
Retiens mon dos
Ruisselant et noir

Dans cette
Lueur parfumée
Est-ce là ta poitrine
Chancelante
Dans ce diable frisson
Sentant mes
Palpitations
Déverse ton ivresse
Sur mes lèvres
En tendresse
Retiens la douleur tienne
Du plaisir retrouvé
Et fais-toi fièvre de
Mes pulsions enjouées
Douceur sauvage
La nuit me reproche
Ton dévolu abyssal
Te sentir prisonnière
Eprise violant ma
Faiblesse mâle
Mal de toi qui
Gouverne ma trahison
Caresse interdite
De toi je m'embrase.

Jannys KOMBILA

JABERT

A qui vient l'idée
De dire non
Doit déjà avoir
Souffert et connu
L'injustice comme
Inhumaine à vivre
Et dû frapper
Au dos des buffles
Avec une amulette
Pour faire tomber
Les puces, suçant
Le progrès et accolées
Au dos de ceux qui
Jonglent avec narcissisme
Et roublardise
Au mépris de jaber
Qui veut se
Rendre à Mars.

Rodrigue MAKAYA MAKAYA

L'AUTOMNE

L'automne est fini
Mes pensées
Restent infinies
Les pluies ont disparu
De mes yeux comme
Ce silence de toi
Suis-je encore
Témoin passif
De la vie qui passe
J'ai compté les
Feuilles mortes
Des arbres pour
Rendre hommage
Au temps de
La monotonie
Une brise
Grise s'échappe
D'une impression
C'est la lassitude
Des saisons qui
M'attendrit

Je partirais vers le sud
Les arbres là- bas
N'agonisent pas
Ils ensemencent
Le bonheur
Des oiseaux
Et l'amour
Des empailleurs
Ma vie est comme ces
Saisons qui viennent
Et s'en vont sans
Note d'oraison
Qui meurent
Et renaissent
Des fraîches bruines
Plus belles
En mansuétude
D'effleurement
Des flocons de neige
En plume de féerie
Des fleurs qui éclosent
Exposent leur éclat
Près des rivières
De diamants

Et le jour après à la mer
Allongé sur l'eau et
L'été me consolant
Une carte postale
Un bonheur cajole enfin
Cette toile mirifique
Un coucher de soleil ocre
Et vermeille d'émotivité
Comme lui je veux plonger
Très profond dans
Cette belle quiétude
Et disparaître pour renaître.

Jannys KOMBILA

L'AUTRE

Qui seul se dit
A quoi bon ?
Que vaut la peine ?
La réponse c'est
Toujours l'autre
Ce n'est jamais
Soi-même, jamais
Jamais soi-même
N'a été une réponse
A ces questions.
Si l'autre est la bonne
Réponse à répandre,
C'est parce qu'il est
La clé qui ouvre mon
Humanité close
Il l'ouvre
D'abord pour moi
Ensuite pour lui.

Rodrigue MAKAYA MAKAYA

A MON AFRIQUE

Mon Afrique
Mon regard
Est offusqué
Comme ce
Sentiment de
Toi rejeté
Une exhalaison
Une trahison
Es-tu fille
Damnée
Et symbole
De couleuvrine
Tu lamentes
Mon âme forte
Et consume
Mes idéaux
De toi je porte
Les gènes d'une
Liberté obtuse
Par toi j'ai
Les cicatrices
D'un esclavage
De mémoire

Mais aujourd'hui
Mon sang renie
Ta maternité
Ma race s'efface
De ton humiliation
Pauvre Afrique
Si pauvre d'éthique
Piètre Afrique
Si ivre de politique
L'occident se rie
De ton immaturité
Toi la terre noire
Aux richesses inouïes
Toi la mère foire
Aux guerres génocidaires
Tu as anéanti tes fils
Et sacrifié tes hoirs
Belle criminelle
Mes émotions
Sont infidèles
Récolte ta misère
Et baigne toi du
Sang de ta terreur

Mon identité
Est meurtrissure
Ailleurs on dit de moi
Le mal que tu voiles
À ta plèbe
Pauvre Afrique
Jadis mirifique
Aujourd'hui
Critique et sic !

Jannys KOMBILA

POUR LE GABON

La flamme de la bougie
A une vertu c'est la sienne.
Les hommes ont une voie
Elle est dictée par leur voix
Tout est pour le Gabon
Tout est bon pour lui
Même si ce qui est bon
N'est pas à lui
Rien n'empêchera
La lave de brûler
La mauvaise algue
De tes as et de tes eaux
Le poing levé pour toi
Je me remplis d'espoir.

Rodrigue MAKAYA MAKAYA

NOMADISME

C'est ainsi que
Je veux être
Un homme
En errance
Sans rêves
Sans pensées
Ecoutant le
Langage des elfes
Refusant l'ère
Des nouvelles
Conquêtes et
Quête humaine
C'est ainsi que
Je veux paraître
Un homme
En partance
Sans ombre
Sur le visage
Sans masque
Sans effroi
Vers un monde
D'impunité
Parcourir
Les frontières
Vivre sans poids
Sans société

Chantant
Sans couplet
Sans refrain
Sans cavatine
Mais chantant
C'est ainsi que
Je veux être
Un homme
En excursion
Marchant sur
Les dunes
Et attendre là
Après le crépuscule
Que je reprenne
Mon chemin.

Jannys KOMBILA

ROSE NKODIA

Une rose
Elle est,
Elle sera,
Une reine rose
Une rose reine
L'or au cœur
La rose dans l'âme
Elle est la flamme
Icône sublime
Qui justifie
Vivre et raison
De vivre,
La guérite de
Mon cœur et
De mon corps.

Rodrigue MAKAYA MAKAYA

ALTITUDE

J'irai voir l'Himalaya
Toucher les sommets
Comme le Walhalla
Je partirai de jour
Arpenter mes
Premières collines
Au zénith j'attendrai
Les montagnes
Surréalistes
A la nuit je me
Reposerai sur
Les rochers concaves
Et à l'aube claire
Je reprendrai
Mon périple comme
Un pèlerin affranchi
Je danserai avec
Les stratosphères
J'épouserai les périls
Au goût de succès
Sans regrets
Sans émotions

Assuré j'avancerai
Et je vaincrai
La peur du vide et
Les bourrasques
De tourbillons et
Les orages de
Renonciations
Seul au milieu
De nulle part
Défiant les dieux
Et les angelots
Sur le sommet
Des hauteurs
Je boiserai le fanion
De ma vaillance.

Jannys KOMBILA

ROIS DU SAHEL

Je lève ma coupe
Pour toi notre
Héros controversé,
Je chante pour toi héros,
Notre résistant
Rassure-toi ici
On nous vole et viole,
Le traitre est soumis
A nos ennemis
L'Afrique est en cavale
L'Afrique tu l'as emporté
Accrochée à ton cou
Elle dit qu'elle veut
La liberté,
Mais elle l'emprunte
À l'ennemi
Roi du sahel.
Nous levons notre coupe
Pour boire ton sang coulé
Le sang de l'Afrique qui
Espère régénérer
Car, l'Afrique d'aujourd'hui
Est un cas d'affidé.

Rodrigue MAKAYA MAKAYA

CANTILENE D'AMOUR

A ceux qui n'ont plus foi en l'amour
Étreignez le soleil dans sa course au jour
Il y a dans tout cœur cette lanterne
Qui veille et chasse les rêves ternes

Un embrasement un éclat de serment
Un éblouissement une note de sentiment
Aux larmes asséchées pleurez de félicité
L'amour existe sans aquarelle de fétidité

Mais la trahison sur des lèvres graciles
Un sérum d'infidélité et mon corps oscille
Une nuit d'affres des flots d'yeux cristallins
Un cœur chagrin près des versants félins

Une déréliction au son de clocher saturnien
Plus d'acrimonie l'espérance s'en vient
Sentez l'amour la vénusté des cornemuses
Ecoutez la passion les zéphyrs des muses

Astre luisant dévalant en angelot immaculé
Baignant notre lyrisme d'émotion miraculé
A ceux qui n'ont plus foi en l'amour
N'attendez pas que se couche le jour

Jannys KOMBILA

TABLE DES MATIERES

EXPECTATION..................................11

OSSUAIRE......................................14

DOUCE BRUME..............................16

ILS DORMENT................................19

BROUILLASSE...............................21

SEUL, SEULE.................................23

COLUMBARIUM.............................24

ILS SE PRENNENT LES PIEDS..............28

DILECTION....................................30

RIEN...34

MELANCOLIE................................36

JE DANSAIS..................................40

MA CULTURE................................42

LE PRINTEMPS DE L'AMOUR..............47

DOUCEUR SAUVAGE.....................48

JABERT	50
L'AUTOMNE	51
L'AUTRE	54
MON AFRIQUE	55
POUR LE GABON	58
NOMADISME	59
ROSE NKODIA	61
ALTITUDE	62
ROIS DU SAHEL	64
CANTILENE D'AMOUR	65

« Toi, mon pays pourquoi me caches-tu ton visage de flétrissure, je te cherche dans les nuits d'effroi quand tombe en cataracte la pluie de notre pérenne misère... »

Jannys KOMBILA